Hannelore Bürstmayr

Butterstangerl
und
Mandelherzen

Bäckerei und Konfekt
100 Rezepte aus Familienkochbüchern

Verlag St. Gabriel

Umschlag und Illustrationen von
Susanne Riha

Revidierte Neuauflage 1992

Gesamtherstellung: Druckerei St. Gabriel, Mödling
Printed in Austria

ERKLÄRUNGEN UND HINWEISE

- *Mehl* = glattes Mehl

- *Abkürzungen*
  El. = Eßlöffel
  Tl. = Teelöffel
  Msp. = Messerspitze

- *Für Nicht-Österreicher*
  Aranzini = Orangeat (eingezuckerte Apfelsinenschalen)
  Germ = Hefe
  Maizena = Maisstärkemehl
  Marillen = Aprikosen
  Obers = Sahne
  Ribisel = Johannisbeeren
  Stanitzel = kleine Tüte
  Topfen = Quark

- *Blitzrezepte:*
  Rezepte, die besonders wenig Zubereitungszeit benötigen, sind mit
  einem Sternchen ✳ gekennzeichnet.

- *Wenn Dotter oder Eiklar übrigbleiben:*
  Eine Liste jener Rezepte, für die man übriggebliebene Dotter oder
  Eiklar verwenden kann, findet sich auf Seite 109 im Anhang.

Albertkekse

270 g Mehl
100 g Weizen-Vollmehl
70 g Margarine
2 Eier
1 Päckchen Vanillezucker

120 g Rohzucker
½ Päckchen Backpulver
1 Msp. Natron
1 El. Zitronensaft
1 bis 2 El. Milch

Mehl mit Margarine abbröseln, in der Mitte eine Vertiefung machen und alle anderen Zutaten hineingeben, dabei beachten, daß Zitronensaft und Milch nicht zusammenrinnen dürfen, da die Milch sonst gerinnt. Einen glatten Teig kneten und 1 Stunde rasten lassen.

Den Teig messerrückendick ausrollen, einfache Formen ausstechen, auf ein mit Backpapier ausgelegtes Blech legen und auf der Mittelschiene bei 180 bis 200 °C ca. 15 Minuten backen.

Das Backrohr für sämtliche Bäckereien auf die angegebene Temperatur vorheizen.

Aranzinibrötchen

3 ganze Eier
250 g griffiges Mehl
250 g Staubzucker

90 g feingehacktes Aranzini
90 g geriebene Haselnüsse
etwas Aranzini zum Verzieren

Eier mit Zucker sehr schaumig rühren und das Mehl nach und nach einrühren, zuletzt die sehr fein gehackten Aranzini und die geriebenen Haselnüsse. Den Teig mindestens 1 Stunde kaltstellen.
Dann kleine Busserl auf ein mit Backpapier ausgelegtes, kaltes Blech setzen und mit einigen Stückchen Aranzini verzieren. Die Masse ergibt 3 Blech voll. Den Teig zwischendurch immer wieder kaltstellen!
Bei 180 bis 200 °C ca. 30 Minuten backen, bis die Busserl hellbraune Ränder bekommen und sich glatt ablösen lassen.

Staubzucker vor Verwendung sieben!

Basler Leckerli

280 g Honig
310 g Feinkristallzucker
1 El. Zimt
¹/₂ El. Nelkenpulver
310 g Haselnüsse (mit dem
Nudelwalker plattgedrückt!)
60 g Zitronat
60 g Aranzini
630 g Mehl
¹/₈ l Kirschwasser
¹/₂ El. Pottasche

Zuckerglasur:
200 g Staubzucker
4 El. heißes Wasser
1¹/₂ El. Zitronensaft

Zum Verzieren:
100 g geschälte, halbierte Mandeln

Honig erhitzen und Zucker darin zergehen lassen. Zimt, Nelken, Nüsse, Zitronat und Aranzini darin verrühren. Die Masse in eine Schüssel geben und abkühlen lassen.
Nun abwechselnd Mehl, Kirschwasser und die mit etwas Wasser verrührte Pottasche beifügen. Den Teig ³/₄ cm dick auf ein gefettetes, bemehltes Blech auftragen. (Der Teig ist ziemlich klebrig. Man drückt ihn am besten mit nassen Händen auseinander.)
Bei 180 °C ca. 30 Minuten backen und sofort auf dem Blech in kleine Rechtecke schneiden, glasieren und erst dann etwas auseinanderrücken. Jedes Stück mit einer halben Mandel verzieren.
Für die Glasur Staubzucker mit heißem Wasser und Zitronensaft glattrühren.

„Mehl" bedeutet glattes Mehl. Wenn griffiges Mehl verwendet werden soll, wird dies extra angegeben.

Butterbrötchen

100 g Haselnüsse
110 g ungeschälte Mandeln
60 g Kochschokolade
100 g Staubzucker
100 g Mehl
100 g Butter
1 Ei

Glasur:
1 Dotter
50 g Staubzucker
einige Tropfen Zitronensaft

Butter, Zucker und Ei schaumig rühren. Haselnüsse, Mandeln und Schokolade reiben und mit dem Mehl unter die Masse kneten. Den Teig mindestens ½ Stunde kaltstellen, dann zweifingerdicke Rollen formen und davon ½ cm dicke Scheiben abschneiden. (Man kann die Rollen auch in Alufolie wickeln, über Nacht in den Kühlschrank legen und erst am nächsten Tag aufschneiden.)
Die Scheiben auf ein mit Backpapier ausgelegtes Blech legen und auf der unteren Schiene bei 150 °C ca. 25 Minuten backen. Die fertigen Kekse mit Glasur bestreichen und im abgeschalteten Rohr trocknen lassen.
Für die Glasur Dotter und Staubzucker sehr schaumig rühren.

Schokolade läßt sich mit der Bröselmaschine reiben, wenn man sie mit Nüssen (Mandeln) mischt.

Buttergebäck

190 g Butter
180 g Staubzucker
2 Dotter
1 Päckchen Vanillezucker

250 g Mehl
50 g Maizena
verklopftes Ei zum Bestreichen

Butter, Zucker, Vanillezucker und Dotter schaumig rühren. Nach und nach das mit Maizena versiebte Mehl unterrühren und alles zu einem glatten Teig verkneten, den man einige Stunden (oder über Nacht) kühl rasten läßt.
Den Teig messerrückendick ausrollen, einfache Formen ausstechen, auf ein mit Backpapier ausgelegtes Blech legen, mit Ei bestreichen und bei 180 °C goldgelb backen.

Für spätere Weiterverwendung ist es günstig, Eiklar einzeln aufzuheben. Hebt man sie gemeinsam auf, sollte man auf dem Behälter die Anzahl notieren.

Butterkekse

✳

250 g Butter
250 g Staubzucker
7 Dotter

geriebene Schale von ¹/₂ Zitrone
500 g Mehl

Butter glattrühren, Zitronenschale beifügen und dann nach und nach mit Zucker und Dottern schaumig rühren. Zuletzt das gesiebte Mehl unterrühren bzw. -kneten.
Den Teig sofort dünn auswalken, einfache Formen ausstechen und bei 180 °C ca. 10 Minuten backen, bis die Kekse einen hellbraunen Rand haben.

● Der Teig bröselt, aber die Kekse sind prima.

Ungespritzte Zitronen bzw. Orangen erhält man in Reformhäusern und -drogerien. Ansonsten die im Handel erhältliche getrocknete Zitronenschale verwenden.

Butterstangerl ✳

140 g Butter
140 g Mehl
1 El. herber Weißwein
1 Tl. Kaffeeobers oder Sauerrahm
1 kleiner Dotter
1 Prise Salz
1 Msp. Backpulver
kein Zucker!!

Glasur:
1 Eiklar
100 g Staubzucker

Das mit Backpulver versiebte Mehl mit der Butter abbröseln. Eine Grube machen, in der man Dotter, Wein und Obers bzw. Sauerrahm verrührt und dann mit der Mehlmasse mischt. Den Teig rasch verkneten und $\frac{1}{2}$ Stunde kühl rasten lassen.

Auf dem Brett auswalken, Ränder gerade schneiden, mit Glasur bestreichen und in zweifingerbreite und 10 cm lange Streifen schneiden. Auf einem mit Backpapier ausgelegten Blech im vorgeheizten Rohr bei 180 °C backen (ca. 20 Minuten).

Für die Glasur das Eiklar steif schlagen und den Staubzucker einschlagen, so daß eine streichfähige Masse entsteht.

Man kann Bröselteige auch mit der Küchenmaschine zubereiten: Kleingeschnittene Butter (Margarine) und Mehl auf „Minimum" mit dem K-Haken verbröseln, alle anderen Zutaten beifügen und kurz verrühren. Den Teig auf dem Brett fertigkneten.

13

Dalmatinische Kugeln

1 Eiklar (ungeschlagen)
150 g geriebene Walnüsse
20 g grobgehackte Walnüsse
100 g feingeschnittene Feigen
100 g feingehackte Rosinen

100 g Staubzucker
1 Päckchen Vanillezucker
1 Msp. Zimt
1 Msp. Nelkenpulver
Schokoladestreusel

Alle Zutaten miteinander vermischen, zuletzt das Eiklar beifügen. Kleine Kugeln formen und in Schokoladestreusel wälzen.

Wer eine Küchenmaschine besitzt, kann Rosinen und Feigen durch den ansetzbaren Fleischwolf (grobe Lochscheibe) drehen und anschließend alle Zutaten mit dem K-Haken vermengen.

Gefüllte Datteln ✳

1 große Packung Datteln
200 g Marzipan
1 Tasse abgezogene Mandeln

Datteln entkernen. Die Höhlung mit einem Stückchen Rohmarzipan füllen und in diesen eine geschälte Mandel drücken.

Mandeln lassen sich zwischen Daumen und Zeigefinger aus der Schale drücken, wenn man sie zuvor mit kochendheißem Wasser übergießt und kurz stehen läßt.

Dattelpralinés

1 Paket Datteln
150 g Marzipan
50 g Staubzucker

30 g geschälte, geriebene Mandeln
2 El. Kirschwasser
1 Becher fertige Tunkmasse

Die Datteln entkernen. Marzipan mit Staubzucker, geriebenen Mandeln und Kirschwasser zu einer Masse verkneten. Die Datteln damit füllen.
Zum Glasieren die Tunkmasse im Wasserbad erweichen und glattrühren. Die Datteln in diese Kuvertüre tunken und auf Pergamentpapier oder einem Kuchengitter trocknen lassen.

• Übriggebliebene Mandelfülle zu Kugeln formen und mit je 1 Tl. Kuvertüre übergießen.

16

Dattelscheiben

110 g Staubzucker
110 g abgezogene, stiftelig
geschnittene Mandeln
70 g kleinwürfelig geschnittene
Feigen

60 g entkernte, länglich geschnittene
Datteln
80 g geriebene Kochschokolade
1 Eiweiß
Staubzucker zum Wälzen

Staubzucker mit Mandeln, Feigen und Datteln vermengen, dann die
Schokolade und zuletzt das Eiweiß hinzufügen. Die Masse so lange
rühren, bis ein großer Klumpen entsteht, den man auf der mit Staubzuk-
ker bestreuten Arbeitsfläche zu einer 3 cm dicken Wurst formt.
Diese Wurst in Staubzucker wälzen und dann in Alufolie gewickelt mindestens zwei Tage kühl rasten lassen. Dünne Scheiben schneiden, immer
nur so viele, wie man gerade benötigt.

Kochschokolade läßt sich mit der Bröselmaschine reiben, wenn man
sie zuvor $\frac{1}{2}$ Stunde ins Tiefkühlfach legt.

Dattelstangerl

150 g Butter oder Margarine
50 g Staubzucker
etwas abgeriebene Schale einer
ungespritzten Zitrone
1 Prise Salz
100 g mit der Schale geriebene
Mandeln
150 g feingeschnittene Datteln
130 g Mehl

80 g Maizena
$^{1}/_{2}$ Tl. Backpulver
5 El. Kaffeeobers oder Milch

Glasur:
100 g Staubzucker
1 El. Orangensaft
1 El. Zitronensaft

Butter oder Margarine mit gesiebtem Staubzucker, abgeriebener Zitronenschale und einer Prise Salz schaumig rühren. Das mit Maizena und Backpulver versiebte Mehl mit Datteln und Mandeln mischen. Dabei darauf achten, daß die Datteln keine Klumpen bilden. Dieses Gemisch abwechselnd mit Obers bzw. Milch dem schaumig gerührten Fett beimengen.

Den Teig auf dem Brett kurz verkneten und anschließend ca. 30 Minuten kühl rasten lassen. Auf leicht bemehltem Brett fingerdicke Rollen formen, diese in ca. 5 cm lange Stangerl schneiden und auf ein mit Backpapier ausgelegtes Blech legen. Bei 180 °C goldbraun backen (10 bis 15 Minuten). Die Stangerl noch warm mit Hilfe eines Pinsels zur Hälfte glasieren.

Für die Glasur gesiebten Staubzucker mit Orangen- und Zitronensaft glattrühren, bis eine dickflüssige, glänzende Masse entsteht.

Domino

250 g Butter oder Margarine
120 g Staubzucker
1 Ei
1 Prise Salz

1 Päckchen Vanillezucker
380 g Mehl
2 bis 3 El. Kakao

Butter oder Margarine mit Staubzucker schaumig rühren. Ei, Prise Salz und den Vanillezucker befügen, verrühren und dann mit dem gesiebten Mehl zu einem glatten Teig verarbeiten.

Knapp ein Viertel des Teiges beiseite geben. Den restlichen Teig teilen und unter eine Hälfte den gesiebten Kakao mischen.

Vom hellen und dunklen Mürbteig jeweils dünne Stangen formen, diese in handliche Stücke teilen und jeweils zwei dunkle und zwei helle Stangen versetzt zu einer Rolle zusammensetzen (vorher mit verklopftem Ei bestreichen!).

Den restlichen hellen Teig dünn ausrollen und die Stangen darin einwikkeln. In Alufolie gewickelt über Nacht kühlstellen und am nächsten Tag mit einem scharfen Messer in Scheiben schneiden. Auf leicht gefettetem oder mit Backpapier ausgelegtem Blech ca. 15 Minuten bei 180 °C backen.

Elisenbusserl

180 g Feinkristallzucker
2 Eiklar
100 g geschälte, geriebene Mandeln
50 g Haselnüsse
50 g feingeschnittenes Zitronat
50 g feingeschnittene Aranzini
50 g Mehl

2 Päckchen Vanillezucker
etwas abgeriebene Schale einer
ungespritzten Zitrone

Glasur:
100 g Kochschokolade
80 g Butter oder Margarine

Zucker und Eiklar sehr schaumig rühren. Dann das Gemisch aus Mandeln und Haselnüssen, Zitronat, Aranzini, Zitronenschale, Vanillezucker und zuletzt das Mehl unterrühren.

Von dieser Masse Busserl auf ein mit Backpapier ausgelegtes Blech setzen und im vorgeheizten Rohr 20 bis 30 Minuten bei 140 °C backen, bis sich die Busserl glatt abnehmen lassen.

Für die Glasur die in Stücke gebrochene Kochschokolade im Wasserbad erweichen, Butter oder Margarine beifügen, zerrinnen lassen und die Glasur glattrühren.

Die Busserl nach dem Auskühlen mit der gewölbten Seite in die Glasur tauchen und auf einem Kuchengitter abtropfen lassen.

Reste von Schokolade-Fett-Glasur können gut verschlossen im Kühlschrank aufgehoben und bei Bedarf wieder im Wasserbad verflüssigt werden.

Florentiner Törtchen

300 g Mehl
200 g Butter
130 g Staubzucker
3 Dotter
1 El. Rum
1 Päckchen Vanillezucker
1 Tl. Backpulver
1 El. Instantkakao

Zum Füllen:
passierte Marillenmarmelade

Glasur:
100 g Kochschokolade
80 g Butter oder Margarine

Mehl mit Backpulver und Kakao auf das Brett sieben, mit der Butter fein verbröseln. In der Mitte eine Vertiefung machen, darin Zucker, Vanillezucker, Rum und Dotter verrühren und dann alles zusammen rasch zu einem glatten Teig verkneten, den man 2 Stunden lang kühl rasten läßt.
Den Teig 2 mm dick ausrollen, Scheiben ausstechen und auf einem mit Backpapier ausgelegten Blech bei 180 °C ca. 15 Minuten backen. Noch warm mit Marmelade zusammensetzen. Nach dem Auskühlen mit der Oberseite in die Glasur tunken.
Für die Glasur die in Stücke gebrochene Kochschokolade im Wasserbad weich werden lassen, Butter oder Margarine beifügen, und wenn diese zerronnen ist, alles glattrühren.

Griechische Krapferl

300 g Mehl
200 g Butter
50 g Staubzucker
Marmelade zum Füllen

Zum Wälzen:
150 g Staubzucker
1 Päckchen Vanillezucker

Butter flaumig rühren, Zucker und Mehl einrühren. Rasch einen Teig kneten und diesen ½ Stunde kühl rasten lassen.
Den Teig 4 bis 5 mm dick ausrollen, Scheiben von 2 cm Durchmesser ausstechen und auf einem mit Backpapier ausgelegten Blech bei 160 °C ca. 15 Minuten backen (sehr hell!). Noch warm mit Marmelade zusammensetzen und in dem mit Vanillezucker vermischten Staubzucker wenden.

Harlekin

280 g Butter
140 g Staubzucker
420 g Mehl
1 Ei
3 El. saurer Rahm
Ribiselmarmelade

Glasur:
100 g Staubzucker
4 Dotter
30 g gestiftelte Mandeln
weiters: fein gewiegte Korinthen,
kand. Kirschen, kand. Kürbis,
Zitronat (soll bunt aussehen!)

Butter mit Mehl verbröseln, Vertiefung machen, Ei, Rahm und Zucker abrühren und alles zu einem glatten Teig verkneten. Den Teig in drei gleichgroße Stücke teilen und jeden Teil ½ cm dick auswalken. Einzeln auf einem mit Backpapier ausgelegten Blech bei 180 °C goldgelb backen. Nach dem Abkühlen mit Ribiselmarmelade bestreichen und zusammensetzen. Mit einem Brett beschweren und über Nacht stehen lassen.
Am nächsten Tag mit Guß überziehen. Dafür Staubzucker mit Dottern sehr schaumig rühren und gleichmäßig auf die zusammengesetzte Platte verteilen. Mandelstiftel und alles Feingehackte darüberstreuen. Nach dem Trocknen in kleine Rechtecke schneiden.

● Man kann den „Harlekin" auch in großen Stücken aufbewahren und nach Bedarf aufschneiden.

Haselnußbusserl

1 Eiklar
70 g Staubzucker
70 g geriebene Haselnüsse

Das ungeschlagene Eiklar mit Zucker und Haselnüssen verrühren. Zwischen leicht bemehlten Handflächen Kugerl formen, diese auf ein mit Backpapier ausgelegtes Blech setzen und etwas flachdrücken.
Bei 100 bis 120 °C ca. 1 Stunde lang backen.

● Dieses Rezept stammt angeblich aus der k. k. Hofküche.

Haselnußbusserl

70 g Butter
140 g Staubzucker
70 g geriebene Kochschokolade

70 g geriebene Haselnüsse
Eiklar zum Bestreichen
Haselnüsse zum Verzieren

Butter mit Staubzucker schaumig rühren, Haselnüsse und Schokolade untermischen.

Kleine Kugeln formen und auf ein mit Backpapier ausgelegtes, kaltes Blech setzen, etwas Abstand halten. Die Kugeln in der Mitte eindrücken, mit Eiklar bestreichen und eine Haselnuß in die Vertiefung setzen. Nochmals kühlstellen, bis die Busserl ganz kalt geworden sind. Bei 150 °C 20 bis 25 Minuten backen, bis sich die Busserl glatt ablösen lassen.

● Nur mit Butter zubereiten, da die Busserl sonst auseinanderlaufen. Ein „Winterrezept": Man sollte die Busserl vor dem Backen ins Freie stellen.

Haselnuß-Schoko-Makronen

3 Eiklar
140 g Feinkristallzucker

60 g geriebene Schokolade
160 g geriebene Haselnüsse

In den sehr steifen Schnee rührt man zunächst die geriebene Schokolade, dann den Kristallzucker und schließlich die geriebenen Haselnüsse leicht ein.

Mit Hilfe von zwei Kaffeelöffeln formt man kleine Kugeln, die man auf ein mit Backpapier ausgelegtes Blech setzt. Dabei etwas Abstand halten, weil die Makronen beim Backen aufgehen. Bei 160 °C ca. 20 Minuten backen.

Hausfreunde

3 ganze Eier
210 g Staub- oder Feinkristallzucker
210 g Mehl

120 g Wal- oder Haselnüsse
120 g Rosinen
100 g Aranzini

Nüsse, Rosinen und Aranzini mit dem Messer fein schneiden und mit dem Mehl vermengen. Eier und Zucker schaumig rühren, Mehlmasse unterrühren, auf ein mit Backpapier ausgelegtes Blech streichen und bei 180 °C ca. 20 Minuten backen. Noch heiß in kleine Würfel schneiden.

Siebenbürgische Honigbusserl

650 g Mehl
300 g Feinkristallzucker
3 El. Honig
3 Eier
1 Dotter
3 El. zerlassene Butter oder
Margarine

1 ½ Tl. Natron
1 Tl. Zimt
1 Msp. Nelkenpulver
Eiweiß zum Bestreichen

Eier, Dotter, Zucker, Honig, Gewürze und zerlassene Butter bzw. Margarine schaumig rühren. Das mit Natron versiebte Mehl nach und nach beifügen. Den Teig 2 Tage lang rasten lassen.
Kleine Kügelchen formen, auf ein mit Backpapier ausgelegtes Blech legen, mit Eiweiß bestreichen und bei 150 °C backen.
Die Honigbusserl einige Tage im Keller aufbewahren oder in einer Dose zusammen mit einem halbierten Apfel, damit sie weich werden.

Husarenkrapferl

*

100 g Butter oder Margarine
200 g Mehl
70 g Staubzucker
2 Dotter
Eiklar zum Bestreichen

Zum Füllen:
feste Marmelade

Butter bzw. Margarine mit Staubzucker und Dottern sehr flaumig rühren. Mehl dazusieben und den Teig zuletzt kurz verkneten.
Kleine Kugerl formen. Mit einem Kochlöffelstiel jeweils in der Mitte eine Vertiefung eindrücken, mit Eiklar bestreichen und bei 180 °C goldgelb backen. Nach dem Backen in die Vertiefung feste Marmelade füllen.

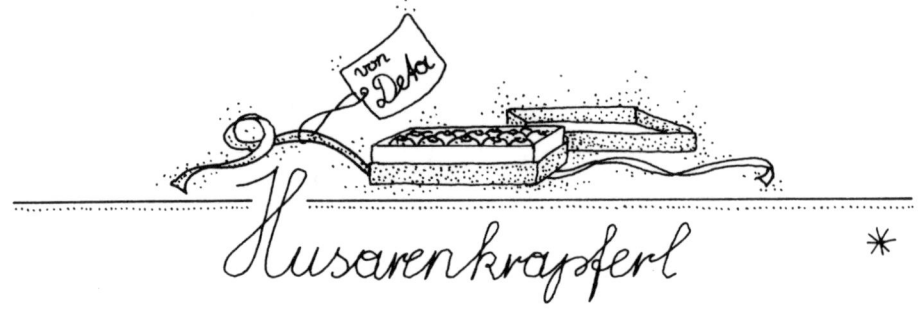

Husarenkrapferl

250 g Mehl
180 g Butter
100 g Staubzucker
50 g abgezogene, geriebene
Mandeln

1 Prise Salz
2 Dotter

Zum Füllen:
feste Marillenmarmelade

Mehl mit Butter abbröseln, geriebene Mandeln untermischen, eine Vertiefung machen, darin Dotter mit Zucker abrühren und anschließend alles zu einem glatten Teig verkneten, den man gleich weiterverarbeiten kann.

Kugerl formen, die man etwas flach drückt. Mit einem Kochlöffelstiel in der Mitte jeweils eine Vertiefung drücken und diese mit fester Marillenmarmelade füllen. Bei 170 bis 180 °C ca. 25 Minuten backen, bis die Krapferl einen hellbraunen Rand haben.

Ischler Törtchen ✳

350 g glattes Mehl
250 g Butter
100 g Staubzucker

4 Dotter
Marillenmarmelade

Butter mit Mehl verbröseln. Zucker und Dotter beifügen, rasch zu einem Teig verkneten, den man 2 bis 3 mm dick ausrollt.
Scheiben ausstechen, die Hälfte davon mit einem Loch in der Mitte. Auf die ganzen Scheiben ein wenig Marmelade geben, den Rand mit Eiklar bestreichen und die gelochten Scheiben daraufsetzen. Diese ebenfalls mit Eiklar bestreichen und bei 180 °C hell backen.

Kaffeeschnitten

300 g Staubzucker
300 g geriebene Nüsse oder
Mandeln (ohne Schale)
1 Eiklar
ca. 4 El. starker schwarzer Kaffee

Glasur:
100 g Staubzucker
3 El. starker schwarzer Kaffee

Geriebene Nüsse bzw. Mandeln mit Staubzucker vermischen und mit Eiklar und Kaffee zu einem Teig verkneten, den man auf einem mit Staubzucker besiebten Brett ausrollt. Die Ränder geradeschneiden, so daß eine Platte entsteht.

Die Platte mit Kaffeeglasur bestreichen, kleine Quadrate schneiden und diese 2 Tage auf einem mit Backpapier belegten Blech trocknen lassen.

Für die Glasur den Staubzucker mit dem Kaffee kräftig abrühren, bis sie einen seidigen Glanz bekommt.

Für den Kaffee 1 El. Instantkaffee mit $1/10$ l Wasser verrühren.

Karolinenkarten

300 g Gemisch von Nüssen,
Mandeln, Rosinen,
Kochschokolade, Zitronat
(wichtig!), Aranzini,
alles fein gehackt oder gewiegt
3 Eiklar
3 El. kaltes Wasser
120 g Staubzucker

3 Dotter
5 El. Öl
80 g Mehl
40 g Maizena oder Kartoffelmehl

Glasur:
150 g Kochschokolade
120 g Butter oder Margarine

Die Eiklar unter Zugabe von kaltem Wasser zu steifem Schnee schlagen, den Staubzucker dazuschlagen und nach und nach die Dotter und das Öl unterziehen.

Mehl mit Maizena bzw. Kartoffelmehl versieben und dann mit dem Fruchtgemisch vermengen, zur Eimasse geben.

Ein Backblech mit Backpapier auslegen, die Masse nicht zu dünn aufstreichen (ergibt gut ½ Blech) und bei 200 °C 20 bis 25 Minuten backen.

Die Platte mit dem Papier vom Blech gleiten lassen, mit einem blechgroßen Stück Backpapier bedecken und rasch umdrehen. Das erste Backpapier abziehen. Nach kurzem Überkühlen die ganze Platte mit Schokoladeglasur überziehen, und nachdem diese fest geworden ist, in kleine Rechtecke oder Quadrate schneiden.

Für die Glasur die in Stücke gebrochene Schokolade im Wasserbad oder im Rohr weich werden lassen. Dann Butter bzw. Margarine beifügen und zerlaufen lassen, alles glattrühren.

Kleinbrötchen

280 g Mehl
140 g Butter
50 g Zucker
1 Prise Salz
3 Dotter

Belag:
3 Eiklar
200 g Staubzucker
200 g geschälte, geriebene Mandeln
(oder Walnüsse bzw. Haselnüsse)
1 Msp. Zimt
etwas abgeriebene Zitronenschale

Mehl mit Butter abbröseln, Vertiefung machen, Zucker, Dotter und Prise Salz darin verrühren und einen glatten Teig kneten, den man ¹⁄₂ Stunde rasten läßt. Den Teig messerrückendick ausrollen und kleine Scheiben ausstechen.
Für den Belag Eiklar steif schlagen, den Zucker löffelweise einschlagen und die geriebenen Mandeln bzw. Nüsse dazugeben. Auf jede Scheibe jeweils ein Häufchen dieser Masse setzen. Auf einem mit Backpapier ausgelegten Blech bei 180 bis 200 °C ca. 20 Minuten backen.

Klosterkipferl

140 g Mehl
70 g Butter oder Margarine
2 Dotter
70 g Staubzucker
1 Päckchen Vanillezucker
80 g geriebene Haselnüsse

40 g geriebene Kochschokolade
1 El. Rum

Glasur:
100 g Kochschokolade
80 g Butter oder Margarine

Mehl mit Butter oder Margarine verbröseln, Haselnüsse und Schokolade darüberstreuen. In der Mitte eine Vertiefung machen, Dotter mit Zucker, Vanillezucker und Rum darin verrühren und alles rasch zu einem glatten Teig verkneten. Kühl rasten lassen.
Kipferl formen und im vorgeheizten Rohr bei 180 °C backen. Die erkalteten Kipferl zur Hälfte in Schokoladeglasur tauchen.
Für die Glasur die in Stücke gebrochene Kochschokolade im Wasserbad erweichen. Erst wenn sie ganz weich ist, Butter oder Margarine beifügen, und sobald diese zerronnen ist, alles glattrühren. Man kann auch gekaufte Schokoladefettglasur verwenden.

Knusperle

150 g mit der Schale geriebene
Mandeln
150 g Staubzucker
150 g Mehl
130 g geriebene Kochschokolade

100 g Butter oder Margarine
1 Eiklar
verklopftes Ei zum Bestreichen
ca. 100 g geschälte, halbierte
Mandeln zum Verzieren

Butter oder Margarine mit Mehl verbröseln. Zucker, Mandeln und Schokolade darüberstreuen und alles mit dem Eiklar zu einem glatten Teig verkneten, den man 20 Minuten rasten läßt.

Den Teig auf gut bemehltem Brett ausrollen, mit runder Form ausstechen, mit verklopftem Ei bestreichen und mit halbierten Mandeln verzieren.

Auf einem mit Backpapier ausgelegten Blech ca. 30 Minuten bei 150 bis 170 °C backen, bis sich die Scheiben glatt ablösen lassen.

Kokos - Haselnuß - Makronen

4 Eiklar
240 g Staubzucker

120 g Kokosflocken
120 g geriebene Haselnüsse

Eiklar zu sehr steifem Schnee schlagen. Unter ständigem Schlagen die Hälfte des Zuckers beifügen, die zweite Hälfte unterrühren. Haselnüsse und Kokosflocken miteinander vermengen und unter die Schneemasse rühren.

Kleine Häufchen auf ein mit Backpapier ausgelegtes Blech setzen. Das Backrohr auf 180 °C vorheizen und auf 150 °C zurückschalten, sobald man das Blech einschiebt. Makronen ca. 20 Minuten backen. Sie sind fertig, wenn sie sich glatt ablösen lassen.

Kokoskuppeln

200 g Butter oder Margarine
250 g Staubzucker
2 Eier
120 g Maizena
180 g Mehl
2 gestr. Tl. Backpulver
250 g Kokosflocken

Glasur:
100 g Kochschokolade
80 g Butter oder Margarine

Butter oder Margarine mit Staubzucker und Eiern schaumig rühren. Das Gemisch aus Mehl, Maizena und Backpulver löffelweise einrühren. Zuletzt die Kokosflocken untermischen.

Kugerl auf ein mit Backpapier ausgelegtes Blech setzen, dabei ein wenig Abstand halten. Bei 180 bis 200 °C 20 bis 25 Minuten backen. Nach dem Auskühlen mit der geraden Seite (Boden) in Schokoglasur tauchen.

Für die Glasur die in Stücke gebrochene Kochschokolade im Wasserbad oder Rohr weich werden lassen. Butter oder Margarine beifügen, und wenn diese völlig zerlaufen ist, die Glasur glattrühren.

• große Masse!

Böhmischer Lebkuchen

250 g Weizenmehl
250 g Roggenmehl
120 g Butter oder Margarine
120 g Rohzucker
1 kleines Ei
1 Tl. Natron
ca. $^1/_8$ l Milch
1 El. Ribiselmarmelade
$^1/_2$ Tl. Zimt
1 Msp. Nelkenpulver
1 Tl. Kakao

2 El. feingewürfelte Aranzini
2 El. feingehackte Nüsse
abgeriebene Schale von $^1/_2$
ungespritzter Zitrone

Guß:
50 g gehackte Nüsse
1 Eiklar
150 g Staubzucker
etwas Zitronensaft

Butter oder Margarine mit $^3/_4$ der Mehlmenge in einer großen Schüssel abbröseln, Natron in der Milch auflösen. Sämtliche Zutaten und Gewürze
zusammenrühren und mit dem restlichen Mehl unter tropfenweiser
Zugabe der Milch zu einem mittelfesten Teig verarbeiten.
Den Teig kleinfingerdick auf Blechgröße ausrollen und mit Hilfe des
Nudelwalkers auf das gut gefettete und bemehlte Blech legen. Bei 180 °C
ca. 25 Minuten backen. Vor dem Glasieren kurz überkühlen lassen.
Für den Guß Eiklar mit Zitronensaft und Staubzucker mit dem Mixer
dickcremig schlagen, über den Lebkuchen gießen und verteilen. Die gehackten Nüsse darüberstreuen. Im fast ausgekühlten, einen Spalt offenen
Rohr trocknen lassen. In gleichmäßige Stückchen teilen und gut verschlossen in einer Dose aufbewahren.

● Im Wort Lebkuchen steckt wahrscheinlich das Wort „leib", womit im
  Mittelhochdeutschen ungesäuertes Brot bezeichnet wurde. Lebkuchen
  könnte also mit „Brotkuchen" übersetzt werden.

Breitenburger Lebkuchen

150 g Butter oder Margarine
2 ganze Eier
4 Dotter
500 g Zucker
750 g Mehl
1¹/₂ Päckchen Backpulver
250 g geriebene Mandeln
170 g feingeschnittenes Zitronat

10 g Zimt
¹/₂ Tl. Nelkenpulver
¹/₂ geriebene Muskatnuß
abgeriebene Schale von ¹/₂ Zitrone

Glasur:
100 g Staubzucker
1 El. Zitronensaft
1 El. Orangensaft

Butter oder Margarine zergehen lassen, Zucker, Eier, Dotter, Mandeln, Zitronat und Gewürze beifügen, zuletzt das mit dem Backpulver versiebte Mehl.
Den ziemlich festen Teig ¹/₂ cm dick ausrollen, einfache Formen ausstechen und bei 180 bis 200 °C backen. Noch heiß mit der Glasur bestreichen.
Für die Glasur den gesiebten Staubzucker mit Zitronen- und Orangensaft glattrühren, bis eine glänzende Masse entsteht.

Figuren-Lebkuchen

500 g Kunsthonig
1 kg Weizenvollmehl
380 g Rohzucker
4 Eier
abgeriebene Schale einer
ungespritzten Zitrone
2 Tl. Zimt
1 Tl. Nelkenpulver
1 gestr. El. Natron
1 Gläschen Rum

verklopftes Ei zum Bestreichen
halbierte Mandeln, Nüsse,
Pinienkerne, Kürbiskerne,
verschiedene kandierte Früchte
zum Belegen

Zuckerguß:
1 Eiklar
ca. 200 g gesiebter Staubzucker

In den im Wasserbad erwärmten Kunsthonig so viel Mehl einrühren, daß ein zäher Teig entsteht. Diese Masse ca. 30 Minuten bei Zimmertemperatur rasten lassen.
In der Zwischenzeit Eier und Zucker schaumig rühren, Gewürze und das mit Natron vermischte Mehl unterrühren. Beide Teige gut miteinander verkneten.
Dieser Lebkuchenteig sollte ein bis zwei Wochen, mindestens jedoch zwei Tage zugedeckt rasten, damit das Natron seine volle Treibkraft entwickeln kann.
Auf bemehltem Brett den Teig 3 bis 4 mm dick ausrollen. Einfache Formen ausstechen oder nach Schablonen mit einem scharfen Messer ausschneiden, mit verklopftem Ei bestreichen und mit Nüssen, kandierten Früchen usw. belegen. Auf einem mit Backpapier ausgelegten Blech bei 150 °C 25 bis 30 Minuten goldbraun backen. Mit dem Papier vom Blech gleiten lassen, sofort mit einem Holzstäbchen die Löcher zum Auffädeln stechen, aber erst nach dem Abkühlen ablösen.
Für den Zuckerguß das Eiklar zu steifem Schnee schlagen und soviel gesiebten Staubzucker einrühren, daß eine zähflüssige Glasur entsteht.

Sollte die Glasur zu dick geworden sein, kann man sie durch einige Tropfen Zitronensaft dünnflüssiger machen.

Die Glasur läßt sich am besten mit selbstgedrehten Spritzsäcken aus Pergamentpapier spritzen. Man verwendet für die Säcke einen Halbkreis von ca. 50 cm Durchmesser, formt daraus eine spitze Tüte und klebt diese bereits mehrmals während des Zusammendrehens, damit sie dem Druck standhalten kann. In die Spitze schneidet man ein winziges Loch.

● Man kommt normalerweise mit einem Spritzsack aus, ein zweiter dient als Reserve.

Kleine Lebkuchen

100 g Butter oder Margarine
200 g Zucker
70 g Honig
1 Dotter
1 Ei
500 g Mehl
1 Päckchen Backpulver
100 g geriebene Nüsse
1 El. Lebkuchengewürz

Zuckerglasur:
150 g Staubzucker
1 Eiklar
etwas Zitronensaft

Schokoladeglasur:
100 g Kochschokolade
20 g Butter
3 El. heiße Milch

Zum Bestreuen:
kandierte Früchte,
Schokoladestreusel

Butter schaumig rühren, Zucker, Honig, Ei, Dotter und das Lebkuchengewürz beifügen und kräftig weiterrühren. Zuletzt das mit Backpulver
versiebte Mehl und die geriebenen Nüsse einarbeiten.
Der Teig kann sofort weiterverwendet werden! Er wird nicht zu dünn
ausgerollt, mit kleinen Formen ausgestochen und auf einem mit Backpapier ausgelegten Blech bei 150 bis 170 °C goldbraun gebacken.
Halbe Menge mit Zucker-, halbe Menge mit Schokoladeglasur bestreichen und mit kandierten Früchten oder Schokostreusel bestreuen.
Für die Zuckerglasur Eiklar mit Staubzucker schaumig rühren, zuletzt
etwas Zitronensaft unterrühren.
Für die Schokoladeglasur die in Stücke gebrochene Kochschokolade zusammen mit der Butter im Wasserbad weich werden lassen und mit der
Milch glattrühren. Diese Glasur braucht 1 bis 2 Tage, um fest zu werden!

Spezial-Lebkuchen

¹/₄ l Honig
125 g Feinkristallzucker
1 El. Zimt
etwas Muskatnuß
etwas Ingwerpulver
2 Tl. Kakao
500 g Mehl
1 Päckchen Backpulver
80 g Butter oder Margarine
2 ganze Eier

verklopftes Ei zum Bestreichen
Haselnüsse zum Verzieren

Fülle:
150 g geriebene Walnüsse
60 g kleingeschnittenes Zitronat
30 g kleingeschnittene Aranzini
2 ganze Eier
ev. etwas Rum (nicht zuviel!)

In den im Wasserbad erhitzten Honig gibt man den Zucker und die Gewürze, verrührt gut und läßt ihn auskühlen. Dann die schaumig gerührte Butter oder Margarine, das mit Backpulver versiebte Mehl und die Eier einarbeiten.
Den Teig über Nacht kühl ruhen lassen. Am nächsten Tag gut messerrükkendick ausrollen und mit einem Krapfenausstecher ausstechen.
Auf die Hälfte der Scheiben jeweils ¹/₂ Tl. der Fülle geben, mit einer leeren Scheibe abdecken. Die Ränder leicht andrücken. Die Lebkuchen mit verklopftem Ei bestreichen und obenauf je eine Haselnuß drücken.
Bei 180 °C goldbraun backen.
Für die Fülle alle Zutaten miteinander verrühren.

Lienzer Stangerl

*

140 g Butter oder Margarine
140 g Zucker
140 g Nüsse, gerieben

140 g Mehl
2 Dotter

Butter oder Margarine mit Mehl abbröseln, Nüsse daruntermischen. Eine Vertiefung machen, darin Dotter mit Zucker abrühren und anschließend alles rasch zu einem glatten Teig verkneten. Der Teig kann sofort weiterverarbeitet werden.

Man formt Rollen, schneidet diese zu Scheiben, die man anschließend zu ca. 5 cm langen Stangerln formt. Man legt die Stangerl auf ein mit Backpapier ausgelegtes Blech und bäckt sie bei 160 °C 20 bis 25 Minuten lang.

Lini - Busserl

70 g Butter
140 g Staubzucker
70 g geriebene Walnüsse

70 g erweichte, etwas überkühlte Kochschokolade

Butter mit Zucker schaumig rühren, geriebene Nüsse und die Schokolade beifügen. Aus dieser Masse kirschgroße Kugerl formen und diese auf ein mit Backpapier ausgelegtes, kaltes Blech setzen. Die Kugerl anschließend kaltstellen, bis sie durch und durch ausgekühlt sind (sonst zerrinnen sie beim Backen!). Bei 150 °C 20 bis 25 Minuten backen.

● Nur mit Butter zubereiten! Ohne Ei und Mehl!

Die Siebenermaße vieler Rezepte ergeben sich aus der alten Gewichtseinheit Loth. 4 Loth = 70 g, 8 Loth = 140 g usw.

Linzer Bäckerei

*

220 g Butter
110 g Staubzucker
3 Dotter
etwas abgeriebene Zitronenschale

1 Msp. Zimt
1 Prise Salz
330 g Mehl

Butter schaumig rühren, Geschmackszutaten, Zucker und Dotter einrühren, zuletzt das Mehl. Der Teig muß ziemlich weich sein! Mit einem Spritzsack einfache Formen auf ein ungefettetes Blech dressieren und im vorgeheizten Rohr bei 200 bis 220 °C kräftig goldgelb backen.

Makronen aller Art

4 Eiklar
200 g Feinkristallzucker

200 g (bei großen Eiern 250 g)
Kokosette oder geriebene
Haselnüsse, Walnüsse oder
Mandeln

Eiklar zu steifem Schnee schlagen, Kristallzucker nach und nach dazuschlagen. Zuletzt Kokosette (Haselnüsse usw.) unterrühren.
Mit zwei Kaffeelöffeln Häufchen auf ein mit Backpapier ausgelegtes
Blech setzen. Bei 160°C ca. 20 Minuten backen, bis sie sich glatt ablösen
lassen.

Tip zur „geistvollen" Verwendung der übriggebliebenen Dotter:

EIERLIKÖR
für Großmama

10 Dotter
500 g Staubzucker
2 ausgeschabte Vanillestangen

1 l Weinbrand oder 0,4 l 95 % igen
Alkohol und 0,6 l Wasser

Dotter mit Staubzucker und ausgeschabten Vanillestangen schaumig
schlagen. (Mit Küchenmaschine oder Handmixer ca. 10 Minuten.) Unter
ständigem Rühren den Weinbrand oder die Alkohol-Wasser-Mischung
zufügen. In Flaschen abfüllen.

● Wird beim Lagern besser, beim Verkosten weniger!

Mandelbrezerl

von Nelly Lang

430 g Mehl
280 g Butter
280 g Feinkristallzucker
1 Ei

8 hartgekochte, passierte Dotter
verklopftes Ei zum Bestreichen
geriebene Mandeln zum Bestreuen

Butter ins Mehl walken und fein verbröseln. Mit Zucker, Ei und den passierten Dottern zu einem geschmeidigen Teig verkneten.
Kleine Brezeln formen und diese über Nacht kühl rasten lassen.
Vor dem Backen mit verklopftem Ei bestreichen, in geriebene Mandeln tauchen und bei 130 bis 150 °C backen.

Weiße Mandelherzen

100 g Butter
80 g Staubzucker
80 g abgezogene, geriebene
Mandeln
150 g Mehl
1 Msp. Backpulver

1 Prise Salz
1 Dotter

Glasur:
100 g Staubzucker
2 El. heißes Wasser
schwach 1 El. Zitronensaft

Mandeln schälen und reiben. Butter mit Zucker und Dotter schaumig rühren, geriebene Mandeln und alle übrigen Zutaten beifügen und verrühren. Den Teig 30 Minuten kaltstellen, dann 3 mm dick ausrollen.
Herzen ausstechen, auf ein mit Backpapier ausgelegtes Blech legen und ca. 15 Minuten bei 180 °C backen. Noch warm mit Zitronenglasur bestreichen.

● Schmecken auch ohne Glasur sehr gut!

Zuckerglasur bekommt einen besonders schönen Glanz, wenn man sie mit einem Pinsel auf das noch warme Gebäck aufträgt.

Mandelkarten ✳

280 g Mehl
1 gestr. Tl. Backpulver
140 g Butter oder Margarine
200 g Rohzucker
1 Msp. Zimt

1 Msp. Nelkenpulver
1 großes Ei
verklopftes Ei zum Bestreichen
Mandelblättchen zum Belegen

Das mit Backpulver versiebte Mehl mit Butter oder Margarine fein abbröseln, Staubzucker und Gewürze untermischen. In der Mitte eine Grube
machen und das Ei hineinschlagen. Mit dem Messer etwas von der Mehl-
mischung unterrühren und dann alles rasch zu einem glatten Teig verkneten, der sofort weiterverarbeitet werden kann.
Den Teig auf bemehltem Brett messerrückendick ausrollen und zu kleinen Rechtecken radeln. Diese in einem mit verklopftem Ei bestreichen
und mit Mandelblättchen belegen. Erst dann einzeln auf ein mit Backpapier ausgelegtes Blech legen. Im vorgeheizten Rohr bei 180 °C 15 bis 20
Minuten backen.

● Man kann die Kärtchen auch mit geriebenen Nüssen bestreuen.

Mandelmonde ✳

100 g geschälte, geriebene Mandeln *1 El. passierte Marillenmarmelade*
100 g gesiebter Staubzucker *etwas Mehl für das Brett*

Geriebene Mandeln mit Staubzucker vermischen, Marillenmarmelade beifügen und alles zu einem glatten Teig verkneten. Diesen auf leicht bemehltem Brett messerrückendick ausrollen, Monde ausstechen und auf einem mit Backpapier ausgelegten Blech bei 100 °C ca. 50 Minuten backen. Das Rohr nach dem Einschieben des Bleches einen Spalt offenlassen.

Mandeltaler

500 g glattes Mehl
250 g Butter oder Margarine
2 ganze Eier

250 g Staubzucker
100 g erweichte Schokolade
1 Tasse abgezogene, ganze Mandeln

Butter oder Margarine mit Mehl verbröseln. Eier, Zucker, Schokolade und zuletzt die Mandeln beifügen. Rasch zu einem Teig verarbeiten, aus dem man drei bis vier Würste formt, die man über Nacht kaltstellt.
Mit einem scharfen, glatten Messer dünne Scheiben abschneiden und bei 180 bis 200 °C backen.

Mohntaschchen

300 g Mehl
200 g Butter oder Margarine
100 g Staubzucker
1 El. saurer Rahm
1 Dotter
verklopftes Ei zum Bestreichen

Fülle:
120 g feingeriebener Mohn
$^1/_8$ l Milch
80 g Zucker
80 g Rosinen
50 g geschälte, grob gehackte Mandeln
etwas abgeriebene Zitronenschale

Butter oder Margarine mit Mehl verbröseln, Vertiefung machen, Zucker mit Dotter und Rahm verrühren und alles rasch zu einem glatten Teig verkneten, den man ½ Stunde kühl rasten läßt.
Den Mürbteig 2 mm dick ausrollen, mit einem Krapfenausstecher Kreise ausstechen. Diese in der Mitte mit Fülle belegen, den Teigrand mit Wasser bestreichen, zusammenklappen und die Ränder festdrücken, auf ein gefettetes oder mit Backpapier ausgelegtes Blech legen und mit verklopftem Ei bestreichen. Bei 180 bis 200 °C ca. 20 Minuten goldgelb backen.
Für die Fülle den feingeriebenen Mohn mit Milch und Zucker aufkochen, Mandeln, Rosinen und Zitronenschale beifügen. Einige Minuten auf kleiner Flamme rühren und dann zugedeckt auskühlen lassen.

• Es bleibt etwas Fülle übrig.

Mohrenschnitten

250 g Butter
250 g mit der Schale geriebene
Mandeln
250 g Zucker
200 g geriebene Schokolade
100 g Mehl
6 ganze Eier

Glasur:
100 g Kochschokolade
80 g Butter

Butter schaumig rühren. Alle anderen Zutaten abwechselnd mit den Eiern unterrühren.

Den Teig auf ein gefettetes, bemehltes Blech streichen und bei 170 °C backen.

Etwas überkühlen lassen, mit Schokoladeglasur überziehen und in kleine Quadrate schneiden. Das Messer dabei immer wieder in heißes Wasser tauchen, damit die Glasur nicht haftet.

Für die Glasur die Schokolade im Wasserbad weich werden lassen, die Butter beifügen, und wenn auch diese zerronnen ist, alles glattrühren.

Mokkaknöpfe

160 g Butter oder Margarine
60 g Staubzucker
1 Päckchen Vanillezucker
1 Ei
2 Dotter
60 g geriebene Schokolade
180 g Mehl
160 g Maizena
4 El. Kaffeeobers

Glasur:
1 Eiklar
200 g Staubzucker
2 Tl. Instantkaffee
1 El. heißes Wasser
1 Tl. Öl

Zum Verzieren:
halbe, abgezogene Mandeln

Butter oder Margarine schaumig rühren, Zucker, Vanillezucker, Ei, Dotter und Schokolade unterrühren, zuletzt das Kaffeeobers und das mit Maizena versiebte Mehl. Den Teig ½ Stunde kühl rasten lassen.
Aus dieser Masse kleine Kugerl formen, auf ein mit Backpapier ausgelegtes Blech setzen und bei 180 °C ca. 20 Minuten backen, noch warm mit Glasur bestreichen und mit einer halben Mandel verzieren.
Für die Glasur das Eiklar mit Staubzucker und Öl schaumig rühren. Instantkaffee in heißem Wasser lösen und unterrühren.

Mondscheingebäck

140 g gehackte Rosinen
140 g Staubzucker
140 g mit der Schale geriebene
Mandeln
1 ganzes Ei
1 Msp. Zimt
etwas abgeriebene Zitronenschale

1 Msp. Nelkenpulver
Mehl für das Brett

Glasur:
1 Dotter
50 g Staubzucker
einige Tropfen Zitronensaft

Alle Zutaten miteinander verkneten. Auf einem mit Mehl bestaubten Brett die Masse ausrollen und kleine Scheiben ausstechen. Bei 180 °C ca. 15 Minuten backen, noch warm glasieren und kurz im abgeschalteten Rohr trocknen.
Für die Glasur alle Zutaten sehr schaumig rühren. (Mit der Hand eine halbe Stunde!)

● sehr saftig!

„Aus eins mach' vier!"

Mürbe Kekse

600 g glattes Mehl
360 g Butter oder Margarine
200 g feiner Kristallzucker oder
Rohzucker
1 Ei
1 Prise Salz

etwas abgeriebene Schale einer
ungespritzten Zitrone
1 Päckchen Vanillezucker
verklopftes Ei zum Bestreichen
etwas Instantkakao zum Färben
des Teiges

Mehl und Butter oder Margarine abbröseln, eine Vertiefung machen, Zucker, Vanillezucker, Prise Salz, Zitronenschale und Ei darin verrühren.
Alle Zutaten zu einem glatten Teig verkneten. (Nicht zu lange, damit der Teig nicht brüchig wird!)
Aus diesem Grundteig können verschiedene Kekse gebacken werden:

Zuckerscheiben:
Einen Teil des Teiges zu einer 2 bis 3 cm dicken Rolle formen. Diese mit verklopftem Ei bestreichen, in Kristallzucker rollen und auf Alufolie ca. 15 Minuten ins Tiefkühlfach des Kühlschrankes legen. Dann in 2 mm dicke Scheiben schneiden, diese mit verklopftem Ei bestreichen und auf einem mit Backpapier ausgelegten Blech bei 180 bis 200 °C goldgelb backen.

Marmorspiralen:
Von zwei gleichgroßen Teilen des Grundteiges einen mit Instantkakao dunkel färben. Den hellen Teig auf bemehltem Brett ausrollen und zur Seite schieben. Den dunklen Teig ebenfalls ausrollen, auf den hellen legen und leicht andrücken.
Beide Teigplatten zusammen aufrollen, ca. 10 Minuten ins Tiefkühlfach legen und anschließend in 2 mm dicke Scheiben schneiden. (Sollte der

58

Teig zu brüchig sein, läßt man die Rolle kurze Zeit bei Zimmertemperatur liegen!)
Die Spiralen mit verklopftem Ei bestreichen und bei 200 °C ca. 10 Minuten backen.

Mandelkekse, Streuselkekse:
Hellen Teig messerrückendick ausrollen. Einfache Formen ausstechen, auf ein befettetes Blech legen und mit verklopftem Ei bestreichen. Mit Schokostreusel oder halben, abgezogenen Mandeln verzieren, goldgelb backen.

Mürbe Kekse

750 g Mehl
130 g Margarine
4 ganze Eier
1 Päckchen Vanillezucker
1 Päckchen Backpulver

1 Msp. Natron
350 g Staubzucker
Saft von ½ Zitrone
2 bis 3 El. Milch

Mehl mit Margarine abbröseln, in der Mitte eine Vertiefung machen und alle anderen Zutaten hineingeben, dabei beachten, daß Zitronensaft und Milch nicht zusammenrinnen dürfen, da die Milch sonst gerinnt. Alles zu einem glatten Teig verkneten, der sofort weiterverwendet werden kann.
Den Teig messerrückendick ausrollen, verschiedene Formen ausstechen, auf ein mit Backpapier ausgelegtes Blech legen und bei 180 °C ca. 15 Minuten backen.
Diese Kekse bleiben wochenlang frisch, sollten aber einige Tage abliegen.

• Annemarie bäckt diese Kekse speziell für Opa! Große Masse!

Mürbe Kekse

400 g Mehl
300 g Butter oder Margarine

250 g Rohzucker
(kein Ei!)

Butter oder Margarine mit Mehl verbröseln, Rohzucker daruntermischen und alles zu einem glatten Teig verkneten. Direkt auf dem Blech ausrollen. Die Masse ergibt 1 $\frac{1}{2}$ bis 2 Bleche.
Bei 180 °C ca. 20 Minuten backen, bis die Teigplatte eine goldbraune Farbe hat. Sofort nach dem Backen in kleine Rechtecke schneiden.

● Diese Kekse sollen einige Tage abliegen!

Wenn man den Teig direkt auf dem Blech ausrollen will, verwendet man dazu am besten ein großes Glas oder eine Flasche.

Non plus ultra

250 g Butter
280 g Mehl
50 g Staubzucker
4 Dotter
1 Päckchen Vanillezucker

Zum Zusammensetzen:
Marillenmarmelade

„Eis":
1 Eiklar
260 g Staubzucker

Mehl mit Butter verbröseln, Vertiefung machen und darin Dotter mit Zucker abrühren. Alles zu einem glatten Teig verkneten und diesen 1 Stunde lang kühl rasten lassen.

Den Teig dünn auswalken und mit einem Schnapsglas ausstechen. Die Scheibchen auf ein mit Backpapier ausgelegtes Blech legen, auf jedes einen Tupfen „Eis" setzen. (Ein Spritzsack erspart dabei viel Zeit!) Bei 180 °C hellgelb backen, was nur wenige Minuten benötigt. Je zwei Stück mit Marillenmarmelade zusammensetzen.

Für das „Eis" das Eiklar sehr steif schlagen und den Staubzucker einrühren.

• Kommentar von Gertrud: Man sitzt und beruhigt seine Nerven.

Gespritzte Nußbusserl

100 g Butter oder Margarine
70 g Staubzucker
2 Dotter
1 Päckchen Vanillezucker
50 g geriebene Haselnüsse

1 El. Milch
150 g Mehl

Zum Eintauchen:
30 g geriebene Haselnüsse

Butter oder Margarine glattrühren, Staubzucker und Dotter beifügen und die Masse schaumig rühren. Vanillezucker, Nüsse, Milch und zuletzt das Mehl dazugeben.
Den Teig in einen Spritzsack mit runder Tülle füllen und in geringem Abstand voneinander Busserl auf ein mit Backpapier ausgelegtes Blech setzen.
Die Busserl nochmals einzeln abnehmen und mit der runden Seite in geriebene Nüsse tauchen. Im vorgeheizten Rohr bei 180 °C 15 bis 20 Minuten backen.

● Die Busserl laufen nicht auseinander, man bringt sie daher auf einem Blech unter.

Feine Nußecken

200 g Mehl
200 g kalte Butter oder Margarine
90 g Staubzucker
2 Dotter
etwas abgeriebene Zitronenschale
1 Päckchen Vanillezucker

200 g geriebene Wal- oder Haselnüsse

Guß:
75 g Butter oder Margarine
125 g Staubzucker
50 g Crème fraiche

Streusel:
50 g Marzipan
1 El. Weinbrand oder Kirschwasser

Schokotunkmasse:
100 g Kochschokolade
80 g Butter oder Margarine

Butter oder Margarine mit Mehl verbröseln, geriebene Zitronenschale beifügen, Vertiefung machen und darin Dotter mit Staub- und Vanillezucker abrühren. Alles zu einem glatten Teig verkneten, den man $\frac{1}{2}$ Stunde kühl rasten läßt. Den Teig auf einem blechgroßen Stück Backpapier zu einer rechteckigen Platte ausrollen und mit dem Papier auf das Blech legen, mit der Streuselmasse bestreuen und den Guß darüber verteilen. Bei 200 °C 20 bis 25 Minuten backen. Mit dem Papier vom Blech gleiten lassen. Nach dem Abkühlen in Dreiecke zerschneiden und jeweils eine kurze Seite in Schokotunkmasse tauchen. Für den Streusel die Zutaten miteinander abbröseln.
Für den Guß Butter oder Margarine in einem Stielpfännchen zergehen lassen, mit Zucker und Crème fraiche glatt verrühren, in Schlangenlinie über die Streuselmasse schütten, so daß diese möglichst vollständig bedeckt ist.
Für die Schokotunkmasse die in Stücke gebrochene Schokolade im Wasserbad oder im Rohr weich werden lassen, Butter oder Margarine beifügen, und sobald diese zerronnen ist, alles glattrühren.

● Geheimtip: gut versteckt aufbewahren!

Nußkonfekt

140 g geriebene Walnüsse
180 g Staubzucker
1 Eiklar
60 bis 80 g geriebene
Kochschokolade
1 Tl. Rum (oder mehr)

1 Msp. Nelkenpulver
1 Msp. Zimt
einige Tropfen Zitronensaft

Zum Wälzen:
grober Zucker

Nüsse, Zucker, Schokolade, Nelkenpulver und Zimt miteinander vermengen und mit Eiklar, Rum und Zitronensaft zu einem Teig verkneten. Kugerl formen, in grobem Zucker wälzen, in Pralinenschüsserl setzen und bei Zimmertemperatur trocknen lassen.

Nußkrapferl

280 g Mehl
210 g Butter
140 g geriebene Nüsse
120 g Staubzucker
2 Dotter
etwas abgeriebene Zitronenschale

Zum Zusammensetzen:
passierte Ribiselmarmelade

Glasur:
100 g Kochschokolade
100 g Butter

Butter mit Mehl verbröseln, Nüsse daruntermischen, eine Vertiefung machen, Dotter mit Zucker darin verrühren, Zitronenschale darüberreiben und alles zu einem glatten Teig verkneten. 20 Minuten kühl rasten lassen. Den Teig messerrückendick ausrollen, Krapferl ausstechen und bei 180 bis 200 °C ca. 15 Minuten backen.

Je zwei Krapferl noch heiß mit Ribiselmarmelade zusammensetzen und nach dem Auskühlen mit der Oberfläche in Glasur tauchen.

Für die Glasur die in Stücke gebrochene Schokolade im Wasserbad weich werden lassen, die Butter beifügen, und sobald diese zerronnen ist, alles glattrühren.

Nußschindeln

2 Eiklar
240 g Staubzucker
100 g geriebene Kochschokolade

240 g geröstete, geriebene
Haselnüsse

Haselnüsse, Staubzucker und Schokolade werden mit dem ungeschlagenen Eiklar verrührt und zuletzt auf bemehltem Brett zusammengeknetet. Der Teig wird $\frac{1}{2}$ cm dick ausgerollt, möglichst in rechteckiger Form.
Man teilt die Platte in 3 bis 4 cm breite Streifen, die man auf ein mit Backpapier ausgelegtes Blech legt und im Rohr bei maximal 100 °C $1\frac{1}{2}$ bis 2 Stunden mehr trocknet als bäckt. (Man kann den Teig auch in einfachen Formen ausstechen.)
Die Streifen werden unmittelbar nach dem Backen im Abstand von 2 bis 3 cm geschnitten.

Nußtascherl mit Germ

310 g Mehl
250 g Butter oder Margarine
2 Dotter
1 Prise Salz

Dampfel:
20 g Germ
2 El. Zucker
etwas lauwarme Milch
verklopftes Ei zum Bestreichen

Fülle:
150 g geriebene Walnüsse
50 g Staubzucker
etwas abgeriebene Zitronenschale
schwach $^1/_{10}$ l Milch
etwas Rum

Zum Wälzen:
200 g Staubzucker
1 Päckchen Vanillezucker

Mehl mit Butter abbröseln, in der Mitte eine Vertiefung machen, Dotter und Dampfel hineingeben und alles zusammen verkneten. Den Teig 30 Minuten bei Zimmertemperatur rasten lassen (er muß nicht aufgehen!), dann ausrollen und in 4 × 6 cm große Rechtecke radeln.
Jedes Rechteck mit $^1/_2$ Tl. Fülle belegen, Ränder mit verklopftem Ei bestreichen, zusammenklappen, Rand festdrücken. Die Täschchen auf ein befettetes oder mit Backpapier ausgelegtes Blech legen. Obenauf ebenfalls mit verklopftem Ei bestreichen und bei 150 °C ca. 30 Minuten goldbraun backen (nicht zu dunkel!).
Noch heiß in dem mit Vanillezucker vermengten Staubzucker wälzen.

Wenn man Backpapier verwendet, kann man die Bäckerei auch gleich auf dem Blech mit dem Zuckergemisch bestreuen. Da die Zuckerreste beim Backen kleben würden, muß man aber für jedes Blech neues Backpapier nehmen.

Nußtörtchen

250 g Mehl
100 g Butter oder Margarine
10 g Staubzucker
2 Dotter
2 El saurer Rahm
2 gestr. Tl Backpulver
verklopftes Ei zum Bestreichen

Fülle:
120 g geriebene Haselnüsse
80 g Zucker
$^1/_8$ l Milch
2 El. Marillenmarmelade

Mehl mit Backpulver versieben und dann mit Butter oder Margarine fein abbröseln, den Staubzucker unterrühren. In der Mitte eine Vertiefung machen, darin Dotter und Rahm verrühren. Alles zusammen rasch zu einem glatten Teig verkneten, den man 20 Minuten kühl rasten läßt.

Auf leicht bemehltem Brett messerrückendick ausrollen, Scheiben von 3 bis 4 cm Durchmesser ausstechen, auf ein befettetes oder mit Backpapier ausgelegtes Blech legen und die Hälfte davon mit verklopftem Ei bestreichen. Im vorgeheizten Rohr bei 180 bis 200 °C goldgelb backen und noch warm je zwei Scheiben zusammensetzen. Mit Staubzucker bestreuen.

Für die Fülle Haselnüsse, Zucker und Milch vermengen und einige Minuten unter Rühren erhitzen. (Die Masse ist ziemlich trocken, so daß man nicht von „Aufkochen" sprechen kann.) Marillenmarmelade einrühren und auskühlen lassen.

- Das Füllen geht schnell, wenn man die Fülle zunächst zu kleinen Kugeln formt, die man zwischen die Scheiben legt und leicht zusammendrückt.

Orangenbäckerei

200 g Mehl
50 g Maizena
120 g Butter oder Margarine
1 Ei
60 g Staubzucker
1 Päckchen Vanillezucker
60 g geriebene Haselnüsse
etwas abgeriebene Zitronen- und
Orangenschale

Zum Zusammensetzen:
passierte Marillenmarmelade

Glasur:
100 g Staubzucker
1 El. Orangensaft
1 El. Zitronensaft

Mehl mit Maizena versieben und mit Butter oder Margarine abbröseln. Eine Vertiefung machen und darin Ei, Zucker und Vanillezucker verrühren. Haselnüsse, abgeriebene Zitronen- und Orangenschale darüber verteilen. Alles rasch zu einem glatten Teig verkneten, den man 20 Minuten im Kühlschrank rasten läßt.
Messerrückendick ausrollen, Kreise ausstechen, auf ein mit Backpapier ausgelegtes Blech legen und bei 200 °C 10 bis 15 Minuten backen. Noch warm je zwei Stücke mit passierter Marillenmarmelade zusammensetzen und glasieren.
Für die Glasur gesiebten Staubzucker mit Orangen- und Zitronensaft einige Minuten rühren.

Pariser Stangerl ✳

3 Eiklar
300 g Staubzucker
300 g geriebene Haselnüsse

Eiklar und Zucker mit dem Handmixer auf Stufe 1 fünf Minuten rühren (mit der Hand eine Viertelstunde). Ein Drittel dieser Masse als Glasur beiseite stellen. In den Rest die geriebenen Haselnüsse einrühren.
Den Teig in 3 Portionen teilen. Auf leicht bemehltem Brett Rollen formen, fingerdick auseinanderdrücken und mit der Glasur bestreichen. In fingerbreite Stangerl schneiden.
Auf einem mit Backpapier ausgelegten Blech bei 100 °C ca. 1 Stunde lang backen.

● Abgesehen von der Backzeit, ein Blitzrezept!

Pöggstaller Schnitten

6 Eier (getrennt)
250 g Butter oder Margarine
250 g Staubzucker
250 g Mehl
100 g erweichte Kochschokolade
1 Handvoll Rosinen

Zum Bestreuen:
einige gehackte Haselnüsse

Butter oder Margarine mit Zucker glattrühren, Dotter nach und nach unterrühren, zuletzt die überkühlte Schokolade. Alles schaumig rühren, dann das gesiebte Mehl, den steifgeschlagenen Schnee und zuletzt die Rosinen beifügen.
Die Masse auf ein befettetes, bemehltes Blech streichen, obenauf gehackte Haselnüsse streuen. In das auf 200 °C vorgeheizte Rohr schieben, Temperatur auf 180 °C zurückschalten und 20 bis 25 Minuten backen. Kurz überkühlen lassen und noch warm schneiden.

Roggen - Törtchen

140 g Butter
160 g Roggenmehl
140 g abgezogene, geriebene
Mandeln
140 g feiner Kristallzucker
1 Msp. geriebene Muskatnuß
1 Ei

Zum Verzieren:
halbe Walnußkerne
1 Handvoll Mandelstifte
ungeschwefelte Rosinen
gesponnener Zucker von
$^1/_{10}$ l Wasser
160 g Kristallzucker

Zum Bestreichen:
1 verklopftes Ei

Butter und Roggenmehl fein abbröseln, geriebene Mandeln, Zucker und
Muskatnuß darüber verteilen und zusammen mit dem Ei zu einem glatten Teig verarbeiten. Im Kühlschrank zugedeckt mindestens 15 Minuten
rasten lassen.
Auf bemehltem Brett messerrückendick ausrollen, Scheiben ausstechen,
auf ein gefettetes oder mit Backpapier ausgelegtes Blech legen, mit verklopftem Ei bestreichen, mit halben Walnüssen verzieren und im vorgeheizten Rohr bei 200 °C goldgelb backen.
Zucker in Wasser auflösen, zum Kochen bringen und so lange kochen,
bis sich ein Faden ziehen läßt. Mandelstifte und Rosinen mit dem gespon-
nenen Zucker vermischen und je einen Teelöffel dieser Masse neben die
Nüsse setzen.

Rumkipferl

100 g Butter
100 g Staubzucker
3 Eier (getrennt)
70 g geriebene Schokolade
70 g geriebene Nüsse
80 g Mehl
$^1/_2$ Tl. Backpulver

Glasur:
200 g gesiebter Staubzucker
8 El. Rum

Butter, Staubzucker und Dotter werden schaumig gerührt, dann mengt man die Schokolade, das mit Backpulver versiebte Mehl und die Nüsse darunter, zuletzt den steifen Eischnee.

Diese Masse wird auf ein gut befettetes Blech aufgetragen und im vorgeheizten Rohr bei 180 bis 200 °C ca. 20 Minuten gebacken.

In der Zwischenzeit gesiebten Staubzucker und Rum zu einer Glasur verrühren, auf die noch heiße Teigplatte aufstreichen und sofort Kipferl (Monde) ausstechen.

Rumglasuren erst unmittelbar vor der Verwendung zubereiten, damit der Rum nicht ausraucht!

Rumschnitten

160 g Butter oder Margarine
6 Dotter
200 g Staubzucker
140 g geriebene Walnüsse
6 Eiklar
160 g Mehl

Glasur:
200 g Staubzucker
8 El. Rum

Weiche Butter oder Margarine mit Zucker und den nach und nach beigefügten Dottern schaumig rühren. Die geriebenen Nüsse beifügen und gut verrühren.

Die Eiklar zu steifem Schnee schlagen, die Dottermasse zum Schnee geben, das Mehl darübersieben und alles mit einem Schneebesen glatt vermengen.

Diese Masse $\frac{1}{2}$ bis $\frac{3}{4}$ cm hoch auf ein mit Backpapier ausgelegtes Blech streichen und auf der mittleren Schiene bei 150 °C ca. 35 Minuten backen. Wenn die Platte durchgebacken ist, das Blech noch weitere 5 Minuten im abgeschalteten Rohr lassen.

Während dieser Zeit Staubzucker und Rum zu einer glatten Glasur verrühren und diese auf der heißen Teigplatte verteilen. Nach dem Auskühlen in kleine Schnitten schneiden, dabei das Messer immer wieder in heißes Wasser tauchen.

Um die Glasur zu schonen, legt man die Schnitten auf Plastik- oder Alutabletts und bedeckt sie mit Folie. So bleiben die Schnitten zwei bis drei Wochen frisch.

Rumtörtchen

250 g Mehl
1 gestr. Tl. Backpulver
180 g Butter
100 g Zucker
1 Päckchen Vanillezucker
2 Dotter
1 El. Rum
etwas abgeriebene Zitronenschale

Zum Zusammensetzen:
passierte Marillenmarmelade

Zum Belegen:
kleingeschn. kandierte Früchte

Glasur:
100 g Staubzucker
4 El. Rum

Das mit Backpulver versiebte Mehl mit der Butter abbröseln, eine Vertiefung machen und alle übrigen Zutaten darin verrühren. Rasch einen glatten Teig kneten und zwei Stunden lang kühl rasten lassen.
Den Teig 3 mm dick ausrollen, runde Formen ausstechen und auf gefettetem oder mit Backpapier ausgelegtem Blech bei 180 °C hellgelb backen.
Noch heiß je zwei Scheiben mit Marillenmarmelade zusammensetzen und sofort glasieren und belegen.
Für die Glasur Rum und Zucker gut miteinander verrühren.

Salzburger Törtchen

180 g glattes Mehl
140 g Butter
140 g Staubzucker
1 Prise Salz
120 g geriebene Haselnüsse
1 Ei

Fülle:
80 g geriebene Haselnüsse
2 bis 3 El. Marillenmarmelade
1 bis 2 El. Staubzucker

Mehl mit Butter fein abbröseln, Prise Salz, Staubzucker und Nüsse untermischen und mit dem Ei zu einem glatten Teig verkneten. Den Teig 20 bis 30 Minuten kühl rasten lassen.

Schwach ein Drittel des Teiges beiseite geben, den Rest messerrückendick ausrollen. Scheiben von ca. 3 cm Durchmesser ausstechen. Aus dem restlichen Teig Röllchen formen und die Scheiben damit einfassen.

Für die Fülle die geriebenen Nüsse mit der Marillenmarmelade verrühren, nötigenfalls etwas nachsüßen. Entsprechend der Anzahl der Törtchen aus der Fülle Kugeln drehen.

Die Törtchen auf ein gefettetes Blech setzen, jeweils mit einer Kugel Fülle belegen, die man etwas breitdrückt. Im vorgeheizten Rohr bei 180 °C ca. 30 Minuten backen.

● Man kann die Törtchen auch mit Marillenmarmelade füllen!

Schaumgebäck

¹/₈ l Eiweiß
170 g Feinkristallzucker
30 g Maizena

Zum Bestreuen:
blättrig geschnittene Haselnüsse
Mandelblättchen
Schokostreusel

Das Eiweiß zu sehr steifem Schnee schlagen, nach und nach den Zucker
darunterschlagen. Erst wenn der Schnee ganz fest ist, das Maizena darübersieben und mit dem Schneebesen unterziehen.
Die Masse in einen Spritzsack mit großer Sterntülle füllen und große Busserl auf ein mit Backpapier ausgelegtes Blech spritzen. Je zu einem Drittel
mit Haselnußblättchen, Mandelblättchen und Schokostreusel bestreuen.
Bei höchstens 100 °C ca. 3 Stunden im Rohr trocknen.

● Wer nicht gleichzeitig zwei Bleche ins Rohr schieben kann, sollte nur
die halbe Menge machen!

78

Schokobusserl

70 g geriebene Nüsse oder Mandeln
70 g Staubzucker
70 g Butter

1 Ei
70 g erweichte Schokolade
70 g Mehl

Butter mit Zucker und Ei schaumig rühren, erweichte Schokolade, Mehl und zuletzt geriebene Nüsse oder Mandeln beifügen.
Den Teig für mindestens zwei Stunden oder über Nacht zugedeckt in den Kühlschrank stellen. Kleine Kugeln formen und im Abstand von 5 cm auf ein mit Backpapier ausgelegtes Blech setzen. Bei 150 °C ca. 30 Minuten backen.

Schokoladebrot

150 g Kochschokolade
150 g Kokosfett
2 Eier
120 g Staubzucker
1 Päckchen Vanillezucker
120 g Rosinen

etwas Rum zum Befeuchten
100 g Biskuitbrösel (geriebene
Biskotten)
50 g Aranzini
100 g Zitronat
2 weiße Oblaten (18 × 24 cm)

Schokolade und Kokosfett zusammen im Wasserbad zerfließen lassen
und abrühren. In der Zwischenzeit Eier, Staubzucker und Vanillezucker
schaumig rühren. Schokomasse beifügen und kräftig verrühren.
Die geputzten, mit Rum befeuchteten Rosinen, Aranzini und Zitronat
etwas zerkleinern und ebenfalls beifügen. Zuletzt die Biskuitbrösel unterrühren. Die weiche Masse ca. 15 Minuten in den Kühlschrank stellen, bis
sie streichfähig ist, dann auf eine Oblate streichen, die zweite Oblate dar-
auflegen und kurz mit einem großen Schneidbrett beschweren.
Anschließend das Schokoladebrot in Alufolie einschlagen und in den
Kühlschrank stellen. Nach einigen Stunden kann es in Schnitten geteilt
werden.

● Für Kinder ohne Rum zubereiten!

Schokoladekekse ✳

200 g Mehl
1 gestr. Tl. Backpulver
100 g Butter oder Margarine
80 g Staubzucker

1 Ei
1 Päckchen Vanillezucker
80 g geriebene Kochschokolade

Butter oder Margarine mit Mehl abbröseln und mit der geriebenen Schokolade vermischen. In der Mitte eine Vertiefung machen und darin Zucker, Vanillezucker und Ei abrühren.
Alles zu einem glatten Teig verkneten, den man gut messerrückendick auswalkt. Formen ausstechen und bei 150 °C 20 bis 25 Minuten backen.

Schokoladekipferl

2 Eiklar
140 g geriebene Schokolade

140 g geriebene Mandeln
140 g Staubzucker

Eiklar zu festem Schnee schlagen, den man mit Schokolade, Mandeln und dem gesiebten Staubzucker vermischt.

Die Masse gut abrühren und zwischen leicht bemehlten Handflächen Kipferl formen, diese auf ein mit Backpapier ausgelegtes Blech legen und bei ca. 120 °C backen, bis sie sich glatt ablösen lassen.

Schokolademakronen

4 Eiweiß
200 g Zucker

200 g geschälte, geriebene Mandeln
120 g geriebene Schokolade

In den sehr steifen Schnee die Hälfte des Zuckers nach und nach einschlagen, die zweite Zuckerhälfte, Mandeln und Schokolade nur einrühren.
Auf ein mit Backpapier ausgelegtes Blech kleine Häufchen setzen und bei 120 °C backen, bis sie sich glatt ablösen lassen.

Schwäbische Schokolademuscheln

100 g Kokosfett
7 El. Milch
1 Ei
300 g Rohzucker

3 El. Instantkakao
400 g Mehl
$^1/_8$ Päckchen Backpulver

Kokosfett zerlaufen lassen, Milch, Ei, Kakao und Zucker darunterrühren, dann das mit Backpulver versiebte Mehl beifügen und alles zu einem glatten Teig verkneten.
Kleine Kugeln formen, auf ein befettetes oder mit Backpapier ausgelegtes Blech setzen (etwas Abstand halten!) und bei 180 °C backen.
Die „Muscheln" sind fertig, wenn die obere Schicht fest ist.
Im Keller oder zusammen mit einer Apfelspalte in einer geschlossenen Dose aufbewahren.

● große Masse!

Schokoladetrüffel

150 g Butter
180 g Staubzucker
1 Dotter
2 El. Rum, Weinbrand oder
starker Kaffee

200 g Kochschokolade
2 El. heißes Wasser

Zum Wälzen:
Schokoladestreusel

Butter schaumig rühren, Staubzucker, Dotter, Rum (bzw. Weinbrand oder Kaffee) und die mit dem heißen Wasser vermischte, im Wasserbad erweichte Schokolade dazumengen.
Die Masse ca. 1 Stunde lang in den Kühlschrank stellen und dann mit einem Löfferl nußgroße Häufchen auf Pergamentpapier setzen. 24 Stunden in einem kühlen Raum stehenlassen, dann Kugeln formen, die man in Schokoladestreusel wälzt.

● Die Trüffel sehen besonders hübsch aus, wenn man sie in Papierkapseln setzt.

Schokoli

250 g Butter oder Margarine
1 Päckchen Vanillezucker
100 g Staubzucker
250 g Maizena
80 g Mehl

30 g Instantkakao
5 El. Kaffeeobers

Zum Füllen:
ca. 150 g Haselnüsse

Fett schaumig rühren. Gesiebten Staubzucker, Vanillezucker und 1 El. Mehl-Maizena-Gemisch unterrühren. Instantkakao mit Kaffeeobers verrühren und dann abwechselnd mit dem Mehlgemisch beifügen. Den Teig zuletzt auf dem Brett rasch verkneten.
Zwei Rollen im Durchmesser von 2 cm formen und diese in ca. 1 cm dicke Scheiben schneiden. Jede Scheibe mit einer Haselnuß belegen. Den Teig darüber zusammenziehen und Kugeln formen. Auf einem mit Backpapier ausgelegten Blech bei 180 °C ca. 15 bis 20 Minuten backen.
Noch warm mit Staubzucker bestreuen.

● ohne Ei!

Schokoscheiben

100 g Butter
200 g mit der Schale geriebene Mandeln
80 g Kochschokolade
30 g feingeschnittenes Zitronat
30 g geschälte, grobgehackte Mandeln

etwas abgeriebene Zitronenschale
1 Msp. Zimt
1 Msp. Nelkenpulver
1 Ei
ca. 70 g Staubzucker

Butter und Schokolade gemeinsam im Wasserbad zerlaufen lassen, die übrigen Zutaten dazurühren, zuletzt das Ei. Die Masse ca. 1 Stunde kaltstellen. Sobald sie fest geworden ist, Staubzucker auf das Brett sieben und in die Schokomasse einarbeiten.

Zwei Rollen formen, in Alufolie einwickeln und kühl aufbewahren. Nach 2 bis 3 Tagen in $\frac{1}{2}$ cm dicke Scheiben schneiden, am besten immer nur so viel, als man gerade anbieten will.

Sonnenblumen

280 g Mehl
140 g Butter oder Margarine
70 g Staub- oder Rohzucker
1 Päckchen Vanillezucker
3 Dotter
verklopftes Ei zum Bestreichen

Makronenmasse:
140 g Staubzucker
100 g Haselnüsse oder Mandeln
80 g geriebene Kochschokolade
1 Tl. Zitronensaft
2 Eiklar Schnee

Für den Teig Mehl mit Butter oder Margarine fein verbröseln, in der Mitte eine Vertiefung machen, Zucker, Vanillezucker und Dotter darin abrühren und dann rasch alles zu einem glatten Teig verkneten. Diesen im Kühlschrank rasten lassen, während man die Makronenmasse zubereitet.

Haselnüsse bzw. Mandeln und Kochschokolade reiben, mit gesiebtem Staubzucker, Zitronensaft und 2 Eiklar Schnee verrühren. Aus dieser Masse kleine Kugeln formen und auf einem Tablett beiseite stellen. Den Teig messerrückendick ausrollen, Scheiben oder Blumen ausstechen, auf ein mit Backpapier ausgelegtes Blech legen und mit verklopftem Ei bestreichen.

Jede Scheibe (Blume) mit einer halben Kugel Makronenmasse belegen, Schnittfläche nach unten. Bei 120 bis 140 °C 30 bis 40 Minuten backen, bis die Kekse eine schöne, goldgelbe Farbe kommen.

"Die Speziellen"

200 g Butter oder Margarine
120 g Staubzucker
etwas Vanillezucker
1 Dotter
300 g Mehl
60 g geriebene Walnüsse
100 g Marzipan

Staubzucker
Marillenmarmelade

Glasur:
100 g Kochschokolade
100 g Butter
halbe Walnüsse zum Belegen

Butter oder Margarine mit gesiebtem Staubzucker und Vanillezucker glattrühren, Dotter unterrühren, dann das Mehl und die geriebenen Nüsse.

Den Teig einige Zeit kaltstellen, anschließend 3 bis 4 mm dick auswalken, Scheiben ausstechen und diese bei 200 °C hellbraun backen.

In der Zwischenzeit die Marzipan-Rohmasse auf Staubzucker ebenfalls auswalken und in Scheiben ausstechen. Die noch warmen Kekse mit Marillenmarmelade bestreichen. Je zwei mit einer Marzipanscheibe dazwischen zusammensetzen.

Für die Glasur die Kochschokolade in kleine Stücke brechen und im Wasserbad weich werden lassen. Erst dann die Butter dazugeben und diese gänzlich zerlaufen lassen, bevor man die Glasur glattrührt. Jeweils die obere Scheibe eintunken und mit einer halben Walnuß belegen.

Spitzbuben

250 g Butter
200 g Staubzucker
420 g glattes Mehl
1 Ei

120 g mit der Schale geriebene
Mandeln
2 Päckchen Vanillezucker
Ribisel- oder Marillenmarmelade
zum Zusammensetzen

Butter etwas weich werden lassen und auf dem Brett mit Mehl verbröseln. Mandeln untermischen, in der Mitte eine Vertiefung machen und
darin Ei mit Zucker und Vanillezucker verrühren. Alles rasch zu einem
Teig verarbeiten.
Sterne ausstechen und bei 180 °C hellgelb backen. Noch solange sie heiß
sind, jeweils zwei Sterne mit Marmelade zusammensetzen. Mit Staubzucker bestreuen.

Spritzgebäck

150 g Butter oder Margarine
50 g Staubzucker
1 Päckchen Vanillezucker
1 Ei
1 Dotter
150 g Mehl
80 g Maizena

Tunkmasse:
80 g Kochschokolade
50 g Butter oder Margarine

Die glattgerührte Butter oder Margarine mit Staubzucker, Vanillezucker und Dotter schaumig rühren. Das Ei unterrühren, zuletzt das mit Maizena vermischte Mehl.

Den Teig in einen Spritzsack mit grober Sterntülle füllen und auf ein mit Backpapier ausgelegtes Blech ca. 5 cm lange Stangerl spritzen. Der Teig muß rasch verarbeitet werden, damit er nicht zu fest wird.

Die Stangerl bei 150 °C ca. 30 Minuten backen, noch warm bis zur Hälfte in Tunkmasse tauchen und auf einem Kuchengitter auskühlen bzw. trocknen lassen.

Für die Tunkmasse läßt man zunächst die in Stücke gebrochene Schokolade im Wasserbad weich werden, fügt dann Butter oder Margarine bei und läßt auch diese zerrinnen, bevor man die Masse glattrührt.

Stanitzerl

280 g Mehl
145 g Butter oder Margarine
120 g Staubzucker
4 Dotter
verklopftes Ei zum Bestreichen
1 Tasse abgezogene, halbierte
Mandeln

Glasur:
100 g Kochschokolade
80 g Butter oder Margarine

Butter und Zucker glattrühren, nach und nach die Dotter einrühren. Zuletzt das Mehl unterkneten. Den Teig mindestens ½ Stunde kühl rasten lassen, anschließend nicht zu dünn ausrollen und Scheiben von 4 cm Durchmesser ausstechen.

Die Oberfläche der Scheiben mit verklopftem Ei bestreichen, in die Mitte der oberen Hälfte jeweils eine halbe Mandel legen. Die Ränder der unteren Hälfte fest zusammendrücken, so daß die Mandel in einem „Stanitzel" steckt. Bei 180 °C ca. 20 Minuten backen. Das Gebäck nach dem Auskühlen mit dem spitzen Teil in Schokoladeglasur tauchen und auf einem Kuchengitter trocknen lassen.

Für die Glasur die in Stücke gebrochene Kochschokolade im Wasserbad weich werden lassen, Butter oder Margarine beifügen, und sobald diese zerronnen ist, alles glatt verrühren.

● Nicht nur gut, sondern auch sehr dekorativ!

Studentenbrot

250 g Mehl
120 g Butter oder Margarine
100 g Feinkristallzucker
2 ganze Eier

200 g Früchtegemisch (Nüsse,
Mandeln, Zitronat, Aranzini,
Schokolade — alles grob gehackt!)
Staubzucker zum Wenden

Butter oder Margarine mit Mehl verbröseln, Früchtegemisch darunter-
mengen und mit den Eiern rasch verkneten.
Den Teig zu 2 cm dicken Rollen formen, in Alufolie wickeln und mindestens 1 Stunde, besser aber über Nacht kühl rasten lassen. Am nächsten
Tag die Rollen einige Minuten ins Tiefkühlfach legen und dann mit
einem scharfen Messer $\frac{1}{2}$ cm dicke Scheiben abschneiden. Auf einem mit
Backpapier ausgelegten Blech bei 180 °C ca. 20 Minuten backen. Noch
heiß in Staubzucker wenden.

Székler Schnittchen

210 g Mehl
140 g Butter
1 Ei
70 g Staubzucker
Ribiselmarmelade

Guß:
210 g Staubzucker
210 g geriebene Wal- oder
Haselnüsse
4 Eier

Mehl mit Butter abbröseln, eine Vertiefung machen und darin Ei mit Zucker verrühren. Alles zu einem glatten Teig verkneten. Diesen direkt auf einem befetteten Backblech ausrollen und den ungebackenen Teig mit Marmelade bestreichen.

Den Guß darüber verteilen und bei 180 bis 200 °C 20 bis 30 Minuten backen, bis der Guß fest ist. In Schnitten teilen.

Für den Guß Eier mit Zucker schaumig rühren, bis die Masse hell und dick ist, dann die geriebenen Nüsse dazugeben.

Feines Teegebäck

140 g Butter
70 g Feinkristallzucker
170 g Mehl
1 Ei
1 Prise Salz
verklopftes Ei zum Bestreichen

Zum Verzieren:
Schokoladestreusel

Butter mit Mehl verbröseln und mit Ei, Zucker und einer Prise Salz rasch zu einem glatten Teig verkneten. Sollte der Teig zu weich sein, noch etwas Mehl beifügen, damit er sich zu einer Kugel formen läßt, die man 1 Stunde in den Kühlschrank legt.
Zwei 2 bis 3 cm dicke Rollen formen, für 15 Minuten ins Tiefkühlfach legen und anschließend mit einem scharfen Messer in 2 mm dicke Scheiben schneiden. Die Scheiben auf ein mit Backpapier belegtes Blech legen, mit verklopftem Ei bestreichen und mit Schokostreusel bestreuen. Bei 180 °C goldgelb backen.

Teewaffeln

125 g Butter
125 g Staubzucker
1 Ei
250 g Mehl
2 gestr. Mokkalöffel Backpulver
verklopftes Ei zum Bestreichen

Zum Bestreuen:
2 El. Feinkristallzucker
30 g gehackte Wal- oder Haselnüsse
1 Msp. Zimt

Butter mit Staubzucker und Ei schaumig rühren. Das mit dem Backpulver versiebte Mehl einarbeiten. Den Teig über Nacht stehen lassen.
Teig messerrückendick auswalken, mit verklopftem Ei bestreichen und mit einem Gemisch aus Zucker, Nüssen und Zimt bestreuen.
In Rechtecke schneiden und auf einem mit Backpapier ausgelegten Blech bei 150 °C ca. 20 Minuten backen.

Theresienkipferl

280 g Mehl
210 g Butter oder Margarine
2 Dotter
70 g Staubzucker
40 g Mandeln, geschält und gerieben

Glasur:
100 g Kochschokolade
80 g Butter oder Margarine

Mehl mit Butter oder Margarine verbröseln, Mandeln untermischen, Vertiefung machen, darin Staubzucker und Dotter abrühren. Alles zu einem glatten Teig verkneten, den man sofort weiterverwenden kann.
Aus dem Teig eine 3 cm dicke Rolle formen, $\frac{1}{2}$ cm dicke Scheiben abschneiden, die man zwischen den Handflächen rollt und dann zu Kipferln geformt auf ein mit Backpapier ausgelegtes Backblech legt. Bei 160 °C ca. 20 Minuten backen. Nach dem Überkühlen glasieren und auf einem Kuchengitter oder auf Backpapier trocknen lassen.
Für die Glasur die in Stücke gebrochene Schokolade im Wasserbad weich werden lassen, Butter oder Margarine beifügen, und wenn auch diese ganz zerronnen ist, die Masse glattrühren.

Topfentascherl

250 g Butter
250 g Topfen (20% Fett)
1 Prise Salz
250 g griffiges Mehl
verklopftes Ei zum Bestreichen

Zum Wenden:
100 g Staubzucker
1 Päckchen Vanillezucker

Zum Füllen:
Ribiselmarmelade

Butter mit Mehl verbröseln und dann mit dem passierten Topfen und einer Prise Salz zu einem glatten Teig verkneten, den man ½ Stunde rasten läßt. Den Teig messerrückendick auswalken, Vierecke von 10 cm Seitenlänge radeln oder schneiden. In die Mitte jedes Quadrates einen Tupfen Ribiselmarmelade setzen.
Am Rand und entlang der Schnittlinien mit verklopftem Ei bestreichen. Die Vierecke zu Dreiecken zusammenklappen und die Ränder gut andrücken. Auf ein mit Backpapier ausgelegtes Blech legen und bei 180 bis 200 °C 15 bis 20 Minuten goldgelb backen. Sofort in dem mit Vanille vermengten Staubzucker wenden.
Topfentascherl schmecken am besten am Backtag!

Türkenmonde

*

190 g Mehl
120 g Butter oder Margarine
120 g Staubzucker

120 g ungeschält geriebene Mandeln
1 Ei

Butter oder Margarine mit Mehl verbröseln, Staubzucker und Mandeln untermischen, zuletzt das Ei. Alles rasch zu einem glatten Teig verkneten, den man sofort weiterverarbeiten kann.
Auf bemehltem Brett dünn ausrollen und Monde ausstechen. Bei 180 °C 15 bis 20 Minuten backen.

Vanillekipferl

*

280 g Mehl
210 g Butter
100 g geschälte, geriebene Mandeln
70 g Staubzucker
1 Prise Salz

Zum Wälzen:
150 g Staubzucker
2 Päckchen Vanillezucker

Mehl mit Butter abbröseln, geriebene Mandeln, Zucker und Prise Salz untermischen und alles rasch zu einem Teig verkneten.
Kipferl formen und bei 160 °C 20 bis 25 Minuten hell backen. Noch warm in dem mit Vanillezucker vermischten Staubzucker wenden.

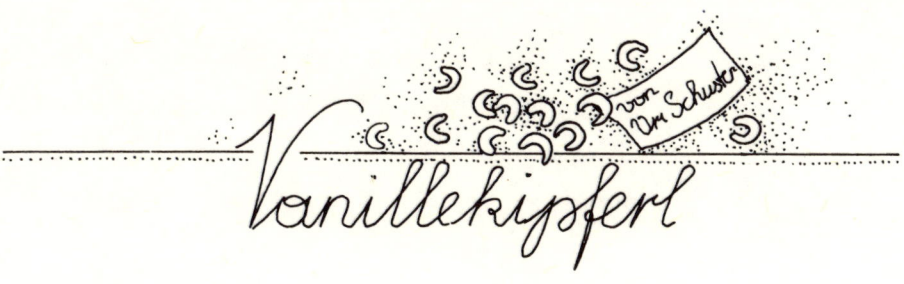

Vanillekipferl

400 g Mehl
250 g Butter oder Margarine
100 g geriebene Walnüsse oder
Haselnüsse
100 g Staubzucker
1 Päckchen Vanillezucker

1 Dotter
1 El. Rum

Zum Wälzen:
200 g Staubzucker
2 Päckchen Vanillezucker

Butter (Margarine) mit Mehl verbröseln, Vertiefung machen, Dotter und Rum hineingeben, mit dem Zucker verrühren, Nüsse darüberstreuen. Alles rasch zu einem glatten Teig verkneten.
Rollen formen, fingerdicke Nudeln schneiden und zu Kipferln formen. Diese auf einem mit Backpapier ausgelegten Blech bei 120 °C ganz hell backen und noch heiß in dem mit Vanille vermengten Staubzucker wälzen.

● Ab dem dritten Blech aufpassen, daß die Kipferl nicht zu braun werden! Große Masse!

Weihnachtssterne

280 g Mehl
140 g Butter oder Margarine
70 g Staubzucker
etwas abgeriebene Zitronenschale
3 Dotter
verklopftes Ei zum Bestreichen

Makronenmasse:
210 g Staubzucker
140 g Hasel- oder Walnüsse
3 Eiklar Schnee
2 Tl. Zitronensaft
etwas Zimt

Mehl mit Butter oder Margarine fein verbröseln, Zitronenschale darüberreiben. In der Mitte eine Vertiefung machen, Dotter mit Zucker verrühren und rasch einen glatten Teig kneten, den man im Kühlschrank rasten läßt, während die Makronenmasse zubereitet wird.
Geriebene Nüsse mit Zucker und einem Hauch Zimt mit dem steifen Schnee verrühren, Zitronensaft beifügen.
Den Teig messerrückendick ausrollen, Sterne ausstechen, mit verklopftem Ei bestreichen und jeden mit einem Häufchen Nußmasse belegen.
Im vorgeheizten Rohr bei 120 bis 150 °C 30 bis 40 Minuten backen.

● Von der Makronenmasse bleibt ca. ein Viertel über.
Sieglinde mischt diesen Rest in ihre Nußkonfektmasse (Seite 65).

Wiener Stangerl

210 g Mehl
140 g Butter
100 g Staubzucker
4 Dotter

Guß:
4 Eiklar
140 g Staubzucker
140 g geriebene Walnüsse

Zum Bestreichen:
Marillenmarmelade, verdünnt mit
etwas Rum

Mehl mit Butter auf dem Brett abbröseln, Vertiefung machen und darin Zucker mit Dotter verrühren. Den Teig rasch abarbeiten und anschließend 30 Minuten kühl rasten lassen.

Den Teig gleich auf einem befetteten, bemehlten Blech ausrollen. Diese Teigplatte 15 Minuten bei 180 °C vorbacken, aus dem Rohr nehmen und mit verdünnter Marillenmarmelade bestreichen.

Während man die Teigplatte vorbäckt, die Eiklar steif schlagen, Staubzucker einschlagen und die Nüsse einrühren. Diese Masse über die Marmelade verteilen und die Platte ca. 20 Minuten bei gleichbleibender Temperatur weiterbacken, bis die Nußmasse hellgelb geworden ist. Noch warm in Stangerl schneiden.

Windkekserl

100 g Mehl
50 g Maizena
50 g Staubzucker
1 Prise Salz
1 Dotter
100 g Butter oder Margarine
1 El. Rum

Windmasse:
100 g Staubzucker
1 Eiklar
etwas Zitronensaft

Zum Bestreuen:
einige gestiftelte Mandeln

Mehl mit Maizena versieben und mit Butter oder Margarine fein abbröseln. Eine Vertiefung machen, Staubzucker, Dotter, Prise Salz und Rum darin abrühren und alles rasch zu einem glatten Teig verkneten.
Eine Rolle von 3 cm Durchmesser formen und diese 15 Minuten ins Tiefkühlfach legen, anschließend in 3 bis 5 mm dicke Scheiben schneiden.
Die Scheiben auf ein mit Backpapier ausgelegtes Blech legen, auf jede mit einem Löfferl einen Tupfen Windmasse setzen und darauf einige Mandelstifte verteilen. Bei 180 °C 15 bis 20 Minuten backen.

Witwenküsse

4 Eiklar
140 g Staubzucker
70 g fein gehacktes Zitronat

140 g grob gehackte oder zerdrückte
Haselnüsse

Eiklar mit Zucker über Dampf schlagen. In die steife Masse Nüsse und Zitronat einmengen. Kleine Häufchen eng nebeneinander auf ein mit Backpapier ausgelegtes Blech setzen. Bei 120 °C backen, bis sie sich glatt ablösen lassen.

● Backanleitung aus Großmutters Kochbuch:
 Man bäckt die Witwenküsse bei milder Hitze. Die Küsse wollen nicht braten, sondern nur sanftem Gluthauch ihre schmelzende Beschaffenheit verdanken!

Nüsse lassen sich mit dem Nudelwalker zerdrücken, wenn man sie zwischen Geschirrtücher gibt.

Zimtbusserl

2 Eiklar
120 g Staubzucker
120 g abgezogene, geriebene
Mandeln

100 g geriebene Kochschokolade
1 Tl. Zimt
1 Tl. Zitronensaft

Eiweiß zu festem Schnee schlagen, gesiebten Staubzucker unterrühren, nochmals schlagen.

Dann die abgezogenen, geriebenen Mandeln, geriebene Schokolade, Zimt und Zitronensaft unter die Grundmasse mischen.

Auf ein mit Backpapier belegtes Blech kleine Busserl setzen und bei 150 °C ca. 50 Minuten backen, bis sie sich glatt ablösen lassen.

Zimtsterne

3 Eiklar
150 g Staubzucker
1 Päckchen Vanillezucker
2 Tropfen Bittermandelöl

1 gestr. Tl. Zimt
300 g mit der Schale gemahlene
Mandeln

Das Eiweiß steif schlagen, den Staubzucker löffelweise einschlagen. Zum Bestreichen der Sterne gut 2 gehäufte El. der Schneemasse beiseite geben. Dann Gewürze und die Mandeln unter die restliche Masse rühren bzw. kneten.

Auf leicht bemehlter Arbeitsfläche ca. $\frac{1}{2}$ cm dick ausrollen. Sterne ausstechen und auf ein mit Backpapier ausgelegtes Blech legen. Mit der zurückbehaltenen Schneemasse bestreichen. Der Guß muß so dünn sein, daß er sich leicht streichen läßt. Nötigenfalls einige Tropfen Wasser darunterrühren. Ca. 25 Minuten bei 120 °C backen. Die Sterne sollen sich beim Herausnehmen noch etwas weich anfühlen.

● Gut verschlossen aufbewahren!

Ein allerletztes Rezept

Leuten, die keine Bäckerei mehr sehen können, schenke ich eine Stange Salami!

WENN DOTTER ODER EIKLAR ÜBRIGBLEIBEN...

REZEPTE MIT 1 DOTTER

Mandelherzen
Mohntaschchen
Schokoladetrüffel
Die Speziellen
Spritzgebäck
Vanillekipferl v. Uri Schuster

REZEPTE MIT 2 DOTTERN

Butterbrötchen
Buttergebäck
Husarenkrapferl von Cilli
Husarenkrapferl von Deta
Kartelchen
Klosterkipferl
Lienzer Stangerl
Gespritze Nußbusserl
Nußecken
Nußkrapferl
Nußtascherl
Nußtörtchen
Rumtörtchen
Theresienkipferl

REZEPTE MIT 3 DOTTERN

Florentiner-Törtchen
Linzer Bäckerei

REZEPTE MIT 4 DOTTERN

Harlekin
Ischlertörtchen
Breitenburger Lebkuchen
Non plus ultra
Stanitzerl

REZEPTE MIT 1 EIKLAR

Dalmatinische Kugeln
Dattelscheiben
Haselnußbusserl von Tante Poldi
Kaffeeschnitten
Knusperle
Nußkonfekt

REZEPTE MIT 2 EIKLAR

Elisenbusserl
Nußschindeln
Schokoladekipferl
Zimtbusserl

REZEPTE MIT 3 EIKLAR

Haselnuß-Schoko-Makronen
Pariserstangerl
Zimtsterne

REZEPTE MIT 4 EIKLAR

Kokos-Haselnuß-Makronen
Makronen aller Art
Schaumgebäck (Eiklar abmessen!)
Schokolademakronen
Witwenküsse

ALPHABETISCHES VERZEICHNIS DER REZEPTE